Ob Sie schon vom „Fleurogami-Fieber" angesteckt sind oder diese Technik neu erlernen möchten – in diesem Buch werden alle fündig, die das Papierfalten lieben. Gerade in der Vorweihnachtszeit nehmen wir uns gerne Zeit, um kreativ zu sein. Mit eleganten Fleurogamiblüten in weihnachtlichen Farben und Formen können Sie ganz in die besinnliche Stimmung dieser Jahreszeit eintauchen.

Die Christrosenfaltung mit verschiedenen Variationen ermöglicht eine Vielzahl neuer Fleurogamiblüten. Die Bandbreite reicht dabei von Einzelblüten mit oder ohne Blütenstiel über dekorative Blütenhänger und Kränze bis hin zu prächtigen Blütenkugeln. Lassen Sie sich von der Motiv- und Farbvielfalt inspirieren und fertigen Sie die Blüten zur Dekoration Ihrer eigenen Wohnung oder als ganz besonderes Geschenk in der Advents- und Weihnachtszeit.

Für alle Blüten finden Sie genaue Schritt-für-Schritt-Anleitungen im Buch mit vielen Zeichnungen – und auf der beiliegenden DVD sehen Sie ganz anschaulich, wie die Falttechnik ausgeführt wird. Falten Sie gleich mit!

Viel Freude mit den weihnachtlichen und winterlichen Fleurogamiblüten wünscht Ihnen Ihr

Eine Blütenkugel zusammenfügen

Um eine Blütenkugel zu fertigen, ist Folgendes zu beachten:

Von den im Buch beschriebenen Faltungen eignen sich als Blütenkugel – bis auf die Winterblütenfaltung aus runden Faltblättern – alle Faltungen und Variationen.

Die Blütenkugel besteht immer aus zwölf Einzelblüten mit jeweils fünf Blütenblättern.

1 Die Einzelblüte besteht aus fünf Blütenblättern (hier sehen Sie die Winterlingfaltung).

2 Zwei Einzelblüten werden so aneinandergehalten, dass sich von beiden Blüten zwei Blütenblätter berühren. An diesen Stellen Klebstoff auftragen und dann mit zwei Klammern zusammenhalten.

3 Die dritte Einzelblüte anlegen, mit Klebstoff bestreichen und mit Klammern fixieren.

4, 5, 6 Hier werden die Einzelblüten Nummer Vier, Fünf und Sechs angeklebt. Die Blütenhalbkugel ist fertig.

7 So sieht die Blütenhalbkugel von hinten aus. Jetzt wird der Aufhängefaden mit reichlich Klebstoff angebracht.

8 Die siebte Einzelblüte ankleben und so weiter fortfahren bis zur elften Blüte.

9 Alle Einzelblüten bis auf die letzte sind angeklebt.

10 Die zwölfte Einzelblüte wird angelegt und es ist deutlich sichtbar, dass die Blüte eigentlich zu klein ist. Ringsum ist noch reichlich Platz.

11 Deshalb wird die letzte Blüte zunächst an zwei gegenüberliegenden Blütenblättern der Blütenkugel angeklebt. Dabei wird die Blüte etwas gedehnt.

12 Nun zuerst ein weiteres Blütenblatt auf der linken Seite (wo noch zwei freie Blütenblätter sind) und dann auf der rechten Seite fixieren. Zuletzt kleben Sie das noch verbleibende Blütenblatt auf der linken Seite an.

13 So sieht die fertige Blütenkugel aus.

14 Hier sehen Sie die Blütenkugel mit eingesteckten Blättern.

Für diese Blütenhänger wurde ein edel bedrucktes Papier ausgewählt.

Variieren Sie die Anzahl der Blütenblätter nach Wunsch.

Blütenhänger in Rot

mit elegantem Blütenmuster

MOTIVHÖHE
ca. 9 cm

MATERIAL
PRO HÄNGER

* 6–7 Faltblätter in Rot mit goldenem Blütenmuster, 10 cm x 10 cm
* Lurexkordel in Gold, ø 0,8 mm
* Filigranperle in Gold, ø 10 mm
* je 1 Wachsperle in Gold und Dunkelrot, ø 4 mm
* 1 Wachsperle in Dunkelrot, ø 8 mm

FALTUNG
Christrosenfaltung

1 Nach Wunsch aus sechs oder sieben Faltblättern eine Blüte gemäß der Christrosenfaltung arbeiten.

2 Kleben Sie die Blütenblätter zu einer Blüte zusammen. Bevor das letzte Blütenblatt eingeklebt wird, legen Sie die Kordel ein.

3 Binden Sie an das untere Ende der Kordel die kleine rote Perle. Die Kordel oben etwas anziehen, sodass die Perle zwischen die Staubgefäße der Blüte rutscht und dadurch von der Seite nicht mehr sichtbar ist.

4 Fädeln Sie von oben die Filigranperle, die große rote und die kleine goldene Perle auf die Kordel.

Festliche Tischdekoration

mit bezaubernden Christrosen

MOTIV-DURCHMESSER
Blüte ca. 8 cm

MATERIAL PRO BLÜTE
* 5 Faltblätter in Creme, 10 cm x 10 cm
* Tonkarton in Dunkelgrün, 22 cm x 13 cm (große Rinne), 4,5 cm x 13 cm (kleine Rinne), 2 x 10 cm x 10 cm (pro Blattpaar)
* Tonkarton in Weiß, 20 cm x 15 cm (Karte)
* Lackmalstift in Gold

FALTUNG
Christrosenfaltung

Blüten

1 Aus fünf Faltblättern nach der Anleitung für die Christrosenfaltung Blütenblätter falten und zu einer Blüte zusammenfügen. Mit dem Lackmalstift auf die Innenseite der Blüte goldene Punkte auftupfen.

2 Übertragen Sie mit einer Schablone den Umriss des Blattes zweimal auf grünen Tonkarton und schneiden ihn aus. Die gestrichelten Linien mit einem leer geschriebenen Kugelschreiber und einem Lineal anritzen und das Blatt an diesen Linien falten.

3 Die Blüte so auf ein Blatt kleben, dass das Blatt mit der Blütenbasis abschließt. Diese Kombination können Sie entweder als Streuteil verwenden oder auf eine Doppelkarte kleben.

Doppelkarte

Ziehen Sie die Faltlinie für die Karte zunächst mit einem leeren Kugelschreiber und einem Lineal vor, bevor Sie sie zur Doppelkarte der Größe 10 cm x 15 cm falten. Eine Blüten-Blatt-Kombination aufkleben und die Karte in Gold beschriften.

Blütenständer

1 Übertragen Sie die Maße der Skizzen für die Blütenständer auf den grünen Tonkarton. Die Strichpunktlinien mit Kugelschreiber und Lineal kräftig nachziehen, den Karton wenden und die noch verbleibende gestrichelte Linie nachziehen. Den Tonkarton falten und zu einer Rinne zusammenkleben.

2 Bevor Sie die ausgeschnittenen und gefalteten Blätter auf die Rinne kleben, ziehen Sie auf der Rückseite die Strichpunktlinie mit Kugelschreiber und Lineal nach. Falten Sie die Blätter um und kleben Sie sie in die Rinne. Anschließend je nach Größe eine Blüte beziehungsweise drei Blüten einkleben.

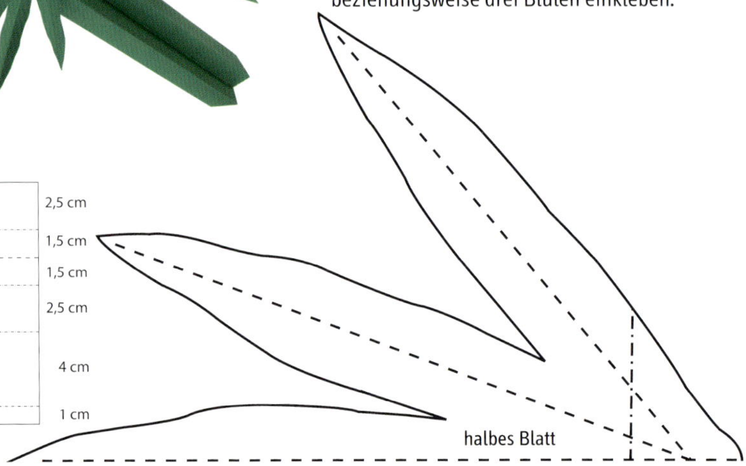

Jasmin

Zauberhafte Blütensterne

edel in Rot und Gold

MOTIV-DURCHMESSER
ca. 20 cm

MATERIAL
* 16 zweifarbige Faltblätter in Gold und Rot mit Sternenmuster, 15 cm x 15 cm

FALTUNG
Winterlingfaltung und Christrosenfaltung Variation 1

1 Aus acht Faltblättern mit der goldenen Seite nach innen Blütenblätter nach der Winterlingfaltung falten und kleben. Drücken Sie die acht Blütenblätter flach, damit sie eine Spitze bekommen. Kleben Sie aus diesen acht Blütenblättern den goldenen Innenstern zusammen.

2 Fertigen Sie aus den anderen acht Faltblättern mit der roten Seite nach innen Blütenblätter gemäß der Christrosenfaltung in der Variation 1 (siehe unten). Schritt 17 lassen Sie für diese Blütensterne aus.

3 Die roten Blütenblätter rundum zwischen die goldenen Sternzacken kleben.

Christrosenfaltung Variation 1

Die ersten zwölf Faltschritte sind identisch mit der Christrosenfaltung.

13+14 Die Drachenspitzen an den gestrichelten Linien falten.

15 Die Außenseiten in Pfeilrichtung nach innen falten.

16 Tragen Sie auf das rechte Dreieck Klebstoff auf (gelbe Linie) und klappen Sie die linke Seite nach rechts, sodass ein Blütenblatt entsteht.

17 Kleben Sie das zweite Blütenblatt an, indem Sie an der gelb markierten Stelle Klebstoff auftragen. So fortfahren, bis die vorgegebene Anzahl an Blütenblättern erreicht ist.

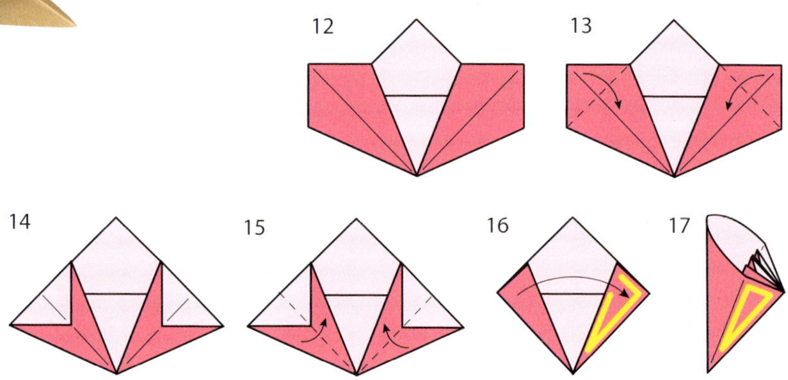

Edle Blütenkugel

ein wundervoller Schmuck in der Weihnachtszeit

MOTIVDURCHMESSER
mit Blättern ca. 27 cm
ohne Blätter ca. 24 cm

MATERIAL
* 60 Faltblätter in Gold und Creme mit Ranken und Sternchen, 15 cm x 15 cm
* Tonpapier in Gold, 50 cm x 30 cm (Blätter)
* Lurexkordel in Gold, ø 0,8 mm
* 12 Goldperlen, ø 10 mm

FALTUNG
Winterlingfaltung

1 Falten Sie zwölf Blüten mit jeweils fünf Blütenblättern nach der Winterlingfaltung im hinteren Umschlag. Fixieren Sie nach Wunsch je eine Goldperle in den Staubgefäßen der Blüten.

2 Setzen Sie sie gemäß der Anleitung auf Seite 2 zu einer Blütenkugel zusammen, wobei Sie den Aufhängefaden mit einkleben.

3 Aus dem Tonpapier mithilfe einer Schablone sechzig Blätter ausschneiden. Bei jedem Blatt die (gestrichelte) Mittellinie mit einem leer geschriebenen Kugelschreiber nachziehen und das Blatt längs falten. Kleben Sie jeweils zwei dieser Blätter etwas seitlich versetzt zusammen, stecken Sie dieses Blätterpaar in eine der dreißig Öffnungen der Blütenkugel und fixieren Sie es mit Klebstoff.

Hinweis: **Toll sieht die Christrosenkugel auch ohne Blätter aus (siehe Titelseite).**

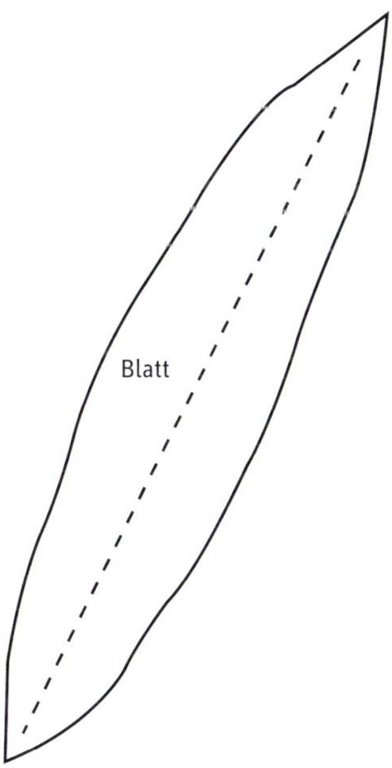

Weiß-silberne Tannen

zum vielseitigen Dekorieren

MOTIVHÖHE
ca. 22 cm

MATERIAL PRO HÄNGER
* 14 Faltblätter in Weiß mit Sternchendekor, 15 cm x 15 cm
* Tonkartonrest in Silber
* Holz- oder Plastikperle in Weiß oder Kristall, ø 8 mm
* Lurexgarn in Silber, ø 2 mm, 50 cm lang
* Lochzange

FALTUNG
Christrosenfaltung Variation 5

1 An einem Ende des Lurexgarns die Perle anknoten oder das Garnende in die Perle kleben.

2 Falten Sie drei Blüten mit jeweils sechs Blütenblättern nach der Anleitung für die Christrosenfaltung in der Variation 5 (siehe unten). Die fertig gefalteten Blütenblätter vor dem Zusammenkleben zur Blüte flachdrücken, damit sie eine Spitze bekommen.

3 Die unterste Blüte aus sechs Faltblättern (15 cm x 15 cm groß) arbeiten. Bevor das sechste Blütenblatt eingeklebt wird, legen Sie das Garn so ein, dass sich die Perle unten befindet. Verfahren Sie für die Aufhängung so auch mit den anderen Blüten.

4 Für die mittelgroße Blüte wird von sechs Faltblättern an einer Seite ein 3 cm breiter Streifen abgeschnitten. Nun an einer Schmalseite nochmals 3 cm abschneiden, damit ein Quadrat der Größe 12 cm x 12 cm entsteht.

5 Für die kleinste Blüte die beiden restlichen Faltblätter vierteln. Aus sechs dieser acht Quadrate mit einer Seitenlänge von 7,5 cm die dritte Blüte arbeiten.

6 Schneiden Sie den silbernen Sechser-Stern aus und lochen Sie ihn mit der Lochzange zweimal an den eingezeichneten Stellen. Ziehen Sie das Lurexgarn gemäß der Abbildung durch die beiden Löcher.

Christrosenfaltung Variation 5

Die ersten 13 Faltschritte sind identisch mit der Christrosenfaltung.

14 Die beiden seitlichen Ecken an der gestrichelten Linie nach innen falten.

15 An der gelb markierten Stelle Klebstoff auftragen und die linke Seite nach rechts klappen, sodass ein Blütenblatt entsteht.

16 Kleben Sie das zweite Blütenblatt an, indem Sie an der gelb markierten Stelle Klebstoff aufbringen. Auf diese Weise insgesamt sechs Blütenblätter zu einer Blüte zusammenfügen.

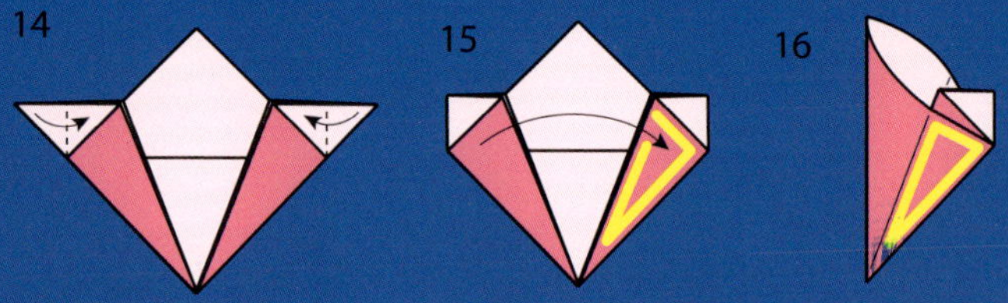

Schmuckvolle Blüten

in festlichem Gold

MOTIVHÖHE
mit Stiel ca. 20 cm

MATERIAL
* 5 Faltblätter in Gold und Creme gemustert, 10 cm x 10 cm
* Tonpapier in Gold, 10 cm x 10 cm
* Aludraht in Gold, ø 1 mm, 20 cm lang

FALTUNG
Christrosenfaltung

1 Schneiden Sie mithilfe einer Schablone aus dem Tonpapier das Blatt für den Stiel aus.

2 Aus fünf Faltblättern nach der Christrosenfaltung ein Blütenblatt falten und kleben.

3 Bevor beim Zusammenfügen zur Blüte das letzte Blütenblatt eingeklebt wird, legen Sie den Draht ein und fixieren ihn mit Klebstoff. Das gefaltete Blatt an den Drahtstiel kleben. Dabei können Sie kleine Klammern zur Hilfe nehmen (siehe Abbildung).

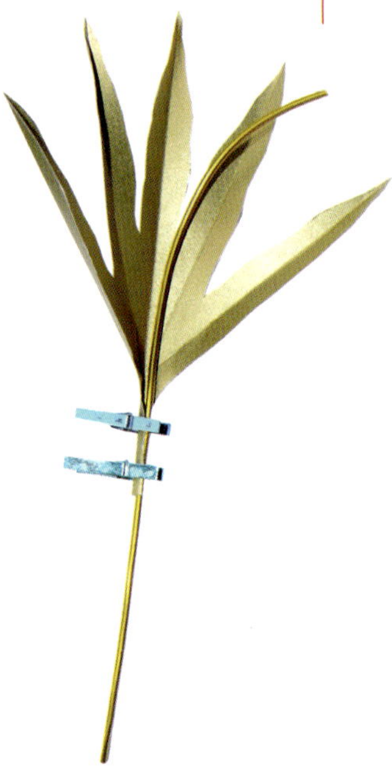

Blütenpracht in Rosatönen

wunderschöne Blütenkugel

MOTIVDURCH-MESSER
ohne Blätter ca. 16 cm
mit Blättern ca. 21 cm

MATERIAL
* 60 Faltblätter in Rosatönen, z. B. 20 in Hellrosa, 20 in Rosa, 20 in Pink, 10 cm x 10 cm
* Tonpapier in Dunkelgrün, 40 cm x 40 cm (Blätter)
* Häkelgarn in Rosa, ø 1 mm, 80 cm lang

FALTUNG
Christrosenfaltung

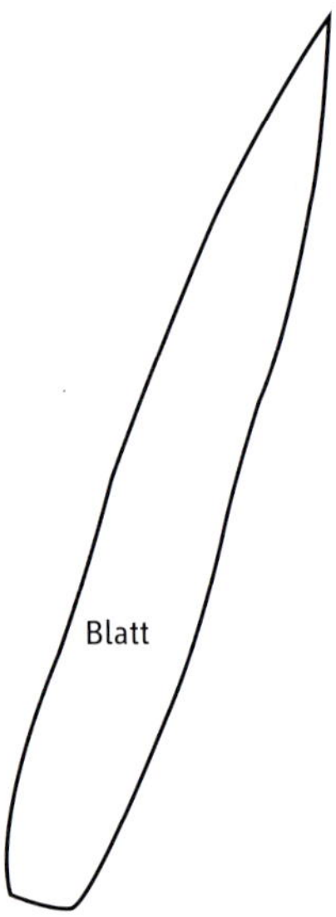

1 Fertigen Sie zwölf Blüten nach der Christrosenfaltung mit jeweils fünf gleichfarbigen Blütenblättern an.

2 Die Blüten werden wie ab Seite 2 beschrieben zu einer Blütenkugel zusammengeklebt. Denken Sie dabei an das Einlegen des Aufhängefadens. Beim Zusammenfügen der Kugel ist es bei drei Papierfarben unvermeidlich, dass an insgesamt drei Stellen zwei gleichfarbige Blüten nebeneinanderliegen.

3 Schneiden Sie mithilfe einer Schablone aus dem Tonpapier neunzig Einzelblätter. Immer drei dieser Blätter zu einem kleinen Fächer zusammenkleben, in eine der dreißig Öffnungen der Blütenkugel stecken und mit Klebstoff fixieren. Die Kugel sieht auch ohne Blätter sehr dekorativ aus.

Mein Tipp für Sie

Farbzusammenstellung variieren Wenn Sie sechs verschiedene Farben bei den Faltblättern verwenden, können Sie die Blüten – jeweils zwei Blüten einer Farbe aus zehn Faltblättern gefertigt – so zur Kugel anordnen, dass immer verschiedenfarbige Blüten aneinandergrenzen.

Festliche Blütensterne

mit Gold- und Silberglanz

MOTIV-DURCHMESSER
ca. 12,5 cm

MATERIAL
* 8 oder 10 Blätter aus zweifarbigem Natronpapier bzw. Packpapier in Gold und Silber als Faltblätter, 15 cm x 15 cm, oder von der Rolle abgeschnitten, 10 cm x 10 cm

FALTUNG
Winterlingfaltung Variation

Blüte 1 (innere Blütenblätter in Gold)

Aus acht Faltblättern in der Variation der Winterlingfaltung die Blütenblätter falten und kleben. Fügen Sie die Blütenblätter zur Blüte zusammen.

Blüte 2 (innere Blütenblätter in Silber)

Die Blütenblätter werden wie bei Blüte 1 gefaltet und geklebt und dann zusätzlich flach zusammengedrückt, damit sie eine Spitze bekommen. Diese Blüten kleben Sie aus zehn Blütenblättern zusammen.

Variation der Winterlingfaltung

Die Faltschritte sind bis einschließlich Faltschritt 19 mit der Winterlingfaltung identisch.

20+21 Die beiden Seiten nach außen klappen, sodass zwei Rauten entstehen.

22 Auf die beiden äußeren Rautenhälften Klebstoff (gelbe Linien) auftragen. Die beiden inneren Rautenhälften nach außen klappen.

23 An der gelb markierten Stelle Klebstoff auftragen und die linke Seite nach rechts klappen, sodass ein Blütenblatt entsteht.

24 An der gelb markierten Stelle Klebstoff auftragen und das nächste Blütenblatt ankleben.

20
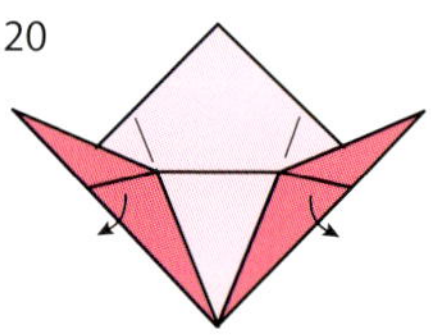

21

22
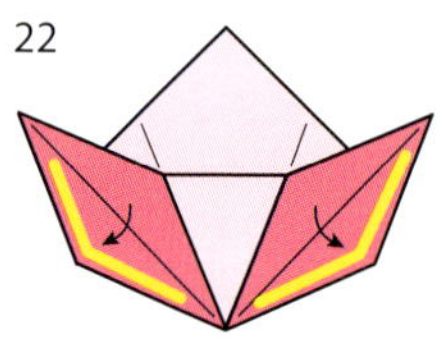

23
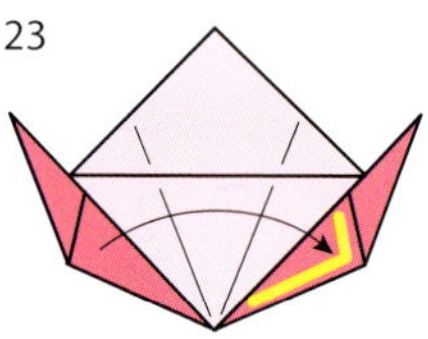

24
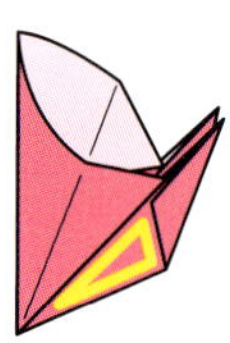

Dekorative Christrosenkette

im weihnachtlichen Farbspiel von Rot und Gold

MOTIVHÖHE
Blüte ca. 7 cm

MATERIAL PRO HÄNGER

* 6 Faltblätter in Rot mit Rankenmuster in Gold, 10 cm x 10 cm
* Tonpapier in Gold, 2 x 10 cm x 10 cm
* 3 Goldperlen, ø 8 mm
* Messingdraht, ø 0,6 bis 0,8 mm, 60 cm lang

FALTUNG
Christrosenfaltung

1 Falten Sie aus sechs Faltblättern nach der Christrosenfaltung die Blütenblätter und kleben Sie die Blüte zusammen.

2 Aus Tonpapier zwei goldene Blättersterne ausschneiden. Die gestrichelten Linien mit einem leer geschriebenen Kugelschreiber und einem Lineal nachziehen und dann falten. Die Blattsternmitte mit einer Vorstechnadel durchstechen.

3 Befestigen Sie an einem Drahtende eine Perle und fädeln Sie eine Blüte auf. Nun folgen im Wechsel eine Perle, ein Blattstern, eine Perle, ein Blattstern und noch eine Perle.

4 Im Abstand von 4-5 cm eine weitere Perle auffädeln. Damit diese Perle nicht nach unten rutscht, einfach den Draht um die Perle legen und nochmals durchziehen. Nun folgt die zweite Blüte und Sie fahren fort wie bei Schritt 3 beschrieben.

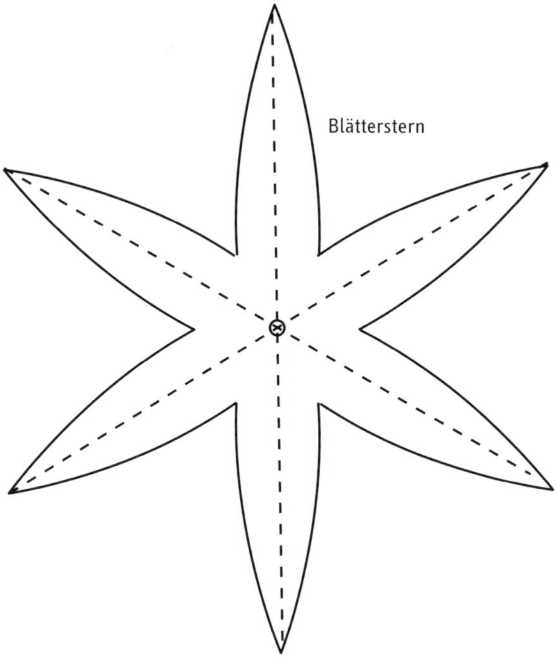

Mein Tipp für Sie

Dekorationsideen Sie können die Länge der Christrosenkette nach Wunsch variieren. Oder Sie nehmen kleinere Faltblätter und gestalten aus vielen Blüten eine Weihnachtskette, mit der Sie z. B. auch Ihren Tannenbaum schmücken können.

Kerzenring in Grüntönen

schön als Tischschmuck

MOTIV-DURCHMESSER
Kerzenring ca. 25 cm

MATERIAL
* 30 Faltblätter in Grün mit Ranken und Sternchen, 15 cm x 15 cm
* 5 Strasssternchen in Kristall, ø 15 mm
* Schmucksteinkleber
* Glaskerzenhalter, ø ca. 7 cm

FALTUNG
Christrosenfaltung Variation 2

1 Fertigen Sie gemäß der Christrosenfaltung in der Variation 2 (siehe unten) dreißig Blütenblätter. Jeweils sechs Blütenblätter werden zu einer Blüte zusammengeklebt.

2 Auf die Mitte jeder Blüte ein Strasssternchen kleben. Verwenden Sie dazu einen speziellen Schmucksteinkleber, damit sich die Silberschicht auf der Rückseite der Strasssterne nicht auflöst und sie stumpf werden.

3 Drapieren Sie die Blüten um einen Kerzenständer herum als Kranz.

Christrosenfaltung Variation 2

Die ersten zwölf Faltschritte sind identisch mit der Christrosenfaltung.

12+13 Wenden Sie das Papier.

14+15+16 Die Drachenspitzen an den gestrichelten Linien falten. Das Papier wieder wenden.

17 Auf beiden Seiten die äußere Drachenhälfte nach innen falten.

18 An der gelb markierten Stelle Klebstoff auftragen und die linke Seite nach rechts klappen, sodass ein Blütenblatt entsteht.

19 Kleben Sie das zweite Blütenblatt an, indem Sie an der gelb markierten Stelle Klebstoff auftragen. So fortfahren, bis die vorgegebene Anzahl an Blütenblättern erreicht ist.

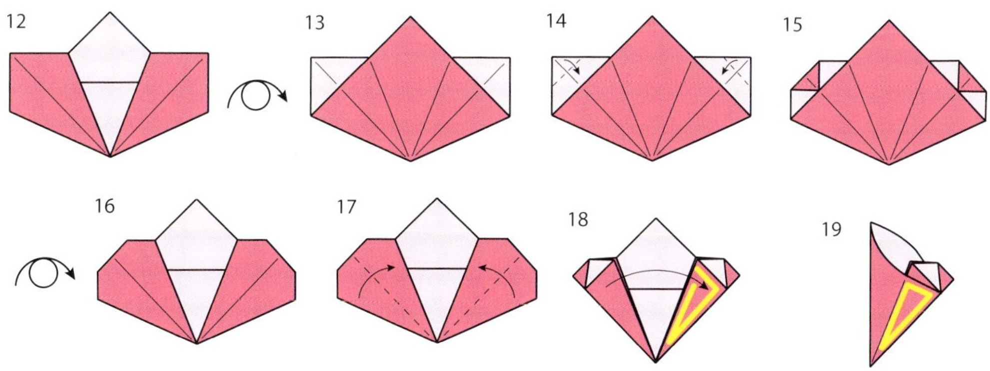

Die flach gedrückten Blütenblätter bilden eine reizvolle Variante zur Normalform.

Die Hänger wirken besonders edel durch die Goldperlen und den goldenen Kelchblattstern.

Nehmen Sie sich für das Biegen der geschwungenen Form des Drahtes etwas Zeit, dann werden Sie mit einem dekorativen Ergebnis belohnt.

Elegante Blüten

mit geschwungenem

MOTIVHÖHE
mit Bügel ca. 19 cm

MATERIAL
PRO HÄNGER

* 6 oder 7 Faltblätter in Creme mit goldenem Punktemuster, 10 cm x 10 cm
* Aludraht in Gold, ø 1 mm, 22 cm lang
* Tonpapierrest in Gold, 5 cm x 5 cm
* 4 Goldperlen, ø 4 mm oder 5 mm
* Goldperle, ø 10 mm

FALTUNG
Christrosenfaltung

1 Schneiden Sie mithilfe einer Schablone aus dem goldenen Tonpapier einen Kelchblattstern und falten Sie ihn entlang der gestrichelten Linien gemäß der Abbildung. Den Stern mittig lochen.

2 Die Blütenblätter nach der Anleitung für die Christrosenfaltung anfertigen und kleben.

3 Drücken Sie die Blütenblätter flach, damit sie eine Spitze bekommen.

Kelchblattstern

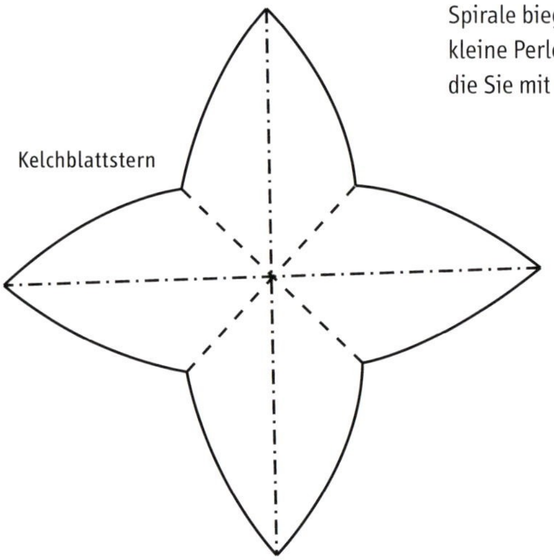

4 Nach Wunsch aus sechs oder sieben Blütenblättern einen Blütenhänger zusammenkleben. Bevor das letzte Blütenblatt eingeklebt wird, den Draht einlegen. Stecken Sie am unteren Ende eine kleine Perle auf den Draht und fixieren Sie sie mit Klebstoff.

5 Stecken Sie von oben eine kleine Perle, den Kelchblattstern, eine große und eine weitere kleine Perle auf den Draht. Das lange Drahtende zu einer Spirale biegen und abschließend eine kleine Perle auf das Drahtende stecken, die Sie mit Klebstoff fixieren.

Weihnachtliche Tannenstecker

originelle Dekoration im Advent

MOTIVHÖHE
ca. 23 cm

MATERIAL
* 14 Faltblätter in Grün mit Ranken und Sternchen, 15 cm x 15 cm
* Tonkartonrest in Silber oder Weiß
* Aludraht in Grün, ø 2 mm, 25 cm lang

FALTUNG
Christrosenfaltung Variation 2

1 Drei Blüten mit jeweils sechs Blütenblättern gemäß der Christrosenfaltung in der Variation 2 falten, die Sie auf Seite 23 finden.

2 Fertigen Sie die unterste Blüte aus sechs Faltblättern in der Größe 15 cm x 15 cm an.

3 Bei der mittelgroßen Blüte schneiden Sie vor dem Falten von jedem Faltblatt an einer Seite einen 3 cm breiten Streifen ab. Nun an einer Schmalseite nochmals 3 cm abschneiden, damit ein Quadrat der Größe 12 cm x 12 cm entsteht. Aus sechs dieser Faltblätter eine Blüte arbeiten.

4 Für die kleinste Blüte die beiden restlichen Faltblätter vierteln, sodass acht Quadrate mit 7,5 cm Seitenlänge entstehen. Aus sechs Quadraten die dritte Blüte arbeiten.

5 Den Draht 1 cm von einem Ende entfernt rechtwinklig abbiegen. Stecken Sie zuerst die große Blüte, dann die mittlere und zum Schluss die kleine Blüte auf.

6 Den Achter-Stern mithilfe einer Schablone doppelt ausschneiden. Kleben Sie die beiden Sterne deckungsgleich auf die oben aus der Tanne ragende Drahtspitze.

Mein Tipp für Sie

Dekorationsideen Durch die Faltung stehen die Tannen ohne zusätzliche Halterung. Sie können mit ihnen z. B. Fensterbänke schmücken oder Ihre weihnachtliche Kaffeetafel. Nach Wunsch können Sie den Stern auch weglassen.

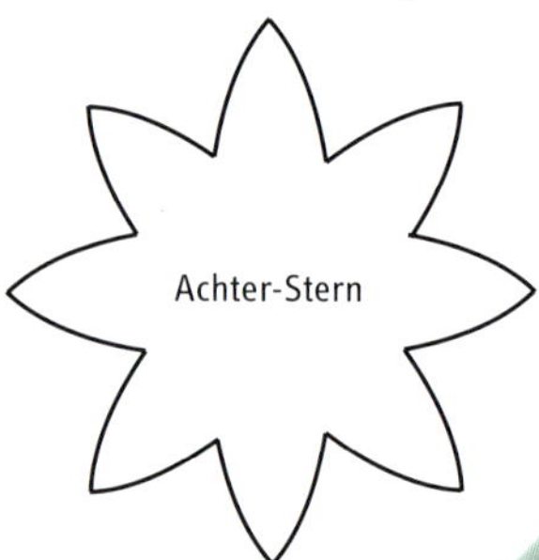

Blüten in Creme und Gold

zaubern festliche Stimmung

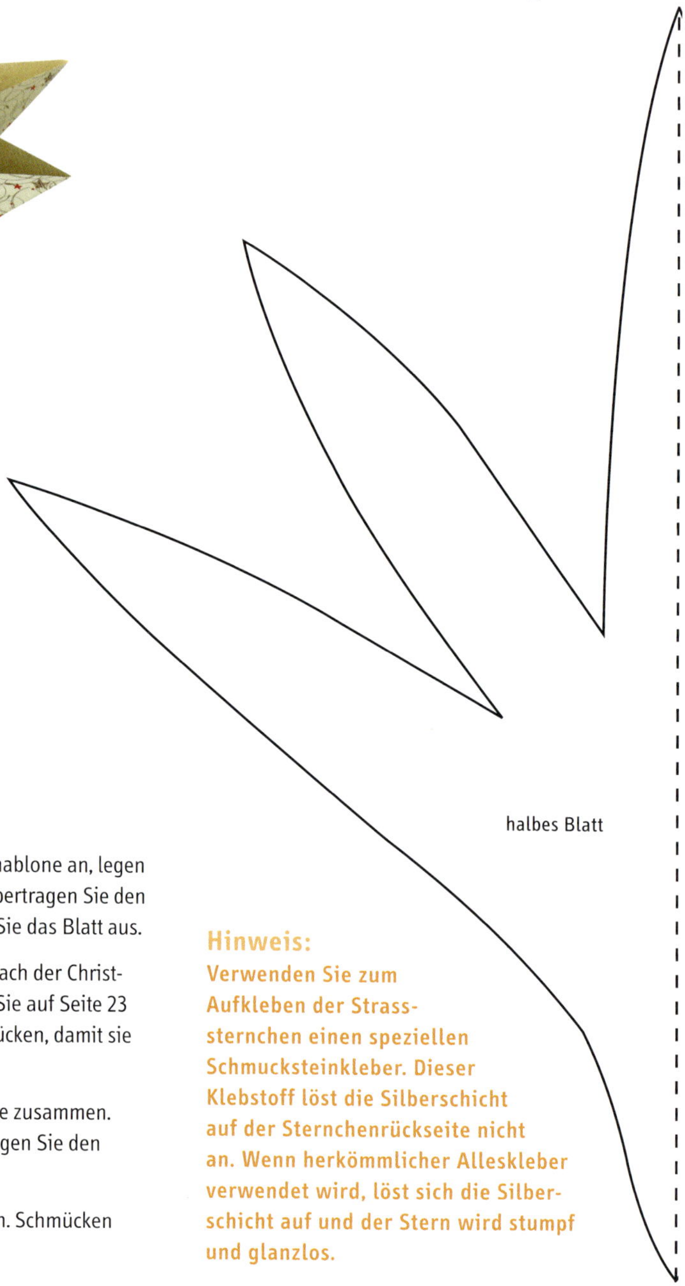

MOTIVHÖHE
mit Stiel ca. 30 cm

MATERIAL
PRO BLÜTE

* 8 zweifarbige Faltblätter in Gold und Creme mit Ranken und Sternchen, 15 cm x 15 cm
* Aludraht in Gold, ø 1 mm, 25 cm lang
* Strasssternchen in Rot, ø 10 mm
* Schmucksteinkleber (für Strasssternchen)

FALTUNG
Christrosenfaltung Variation 2

1 Fertigen Sie von dem halben Blatt eine Schablone an, legen Sie sie auf ein zur Hälfte gefaltetes Faltblatt, übertragen Sie den Umriss genau an der Faltkante und schneiden Sie das Blatt aus.

2 Aus sieben Faltblättern die Blütenblätter nach der Christrosenfaltung in der Variation 2 anfertigen, die Sie auf Seite 23 finden. Dann alle sieben Blütenblätter flach drücken, damit sie eine Spitze bekommen.

3 Aus den Blütenblättern kleben Sie die Blüte zusammen. Bevor das letzte Blütenblatt eingeklebt wird, legen Sie den Draht ein und fixieren ihn mit Klebstoff.

4 Das gefaltete Blatt an den Drahtstiel kleben. Schmücken Sie die Blütenmitte mit einem Strasssternchen.

Hinweis:
Verwenden Sie zum Aufkleben der Strasssternchen einen speziellen Schmucksteinkleber. Dieser Klebstoff löst die Silberschicht auf der Sternchenrückseite nicht an. Wenn herkömmlicher Alleskleber verwendet wird, löst sich die Silberschicht auf und der Stern wird stumpf und glanzlos.

Festlicher Blütenrausch

dekorativ mit Blättern oder ohne

MOTIV-DURCHMESSER
ohne Blätter ca. 16 cm
mit Blättern ca. 21 cm

MATERIAL

* 60 Blätter aus zweifarbigem Natron- bzw. Packpapier in Gold und Silber von der Rolle abschneiden, 10 cm x 10 cm, oder als Faltblätter, 15 cm x 15 cm
* ggf. Tonpapier in Gold, 50 cm x 50 cm (Blätter)
* Lurexgarn in Silber, ø 1 mm, 80 cm lang

FALTUNG
Winterlingfaltung

1 Fertigen Sie zwölf Blüten aus jeweils fünf Blütenblättern an, die Sie nach der Winterlingfaltung gefaltet haben.

2 Die Blüten gemäß der Anleitung auf Seite 2 zu einer Blütenkugel zusammenkleben. Denken Sie dabei an den Aufhängefaden.

3 Schneiden Sie für die Kugelvariante mit Blättern mithilfe einer Schablone nach der Blattvorlage von Seite 11 sechzig Einzelblätter aus dem Tonpapier. Immer zwei dieser Blätter etwas seitlich versetzt zusammenkleben, in eine der dreißig Öffnungen der Blütenkugel stecken und mit Klebstoff fixieren.

Christrosen-Kranz

zum vielseitigen Dekorieren

MOTIVDURCHMESSER
ca. 30 cm

MATERIAL
* 35 Faltblätter in Rot, 10 cm x 10 cm
* Tonpapier in Dunkelgrün, 30 Blätter, pro Blatt: 10 cm x 10 cm
* Fotokarton in Dunkelgrün für einen Ring mit ø 21 cm
* Lackmalstift in Gold
* Zirkel

FALTUNG
Christrosenfaltung

5

6

7

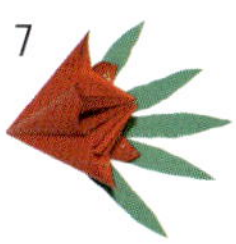

8

1 Aus den Faltblättern gemäß der Christrosenfaltung die einzelnen Blütenblätter falten und kleben. Tupfen Sie mit dem Lackmalstift auf die Innenfläche der Blütenblätter goldene Punkte.

2 Aus jeweils fünf Blütenblättern kleben Sie eine Blüte zusammen. Insgesamt benötigen Sie sieben Blüten für den Kranz.

3 Zeichnen Sie für den Kranz mit einem Zirkel um denselben Mittelpunkt jeweils einen Kreis mit den Radien 9 cm und 10,5 cm. Den Ring ausschneiden.

4 Schneiden Sie aus dem Tonpapier dreißig Blätter, die Sie mit einer Schablone vorgezeichnet haben. Die Vorlage für das Blatt finden Sie auf Seite 14.

5 Fünfzehn Blätter auf dem Kartonring in regelmäßigen Abständen anordnen und ankleben.

6 Nun wird auf diesen Blätterring das sechzehnte Blatt versetzt und nur mit dem Stiel angeklebt.

7 Kleben Sie eine Blüte so auf den Ring, dass das Unterteil der Blüte mit dem Blattstiel abschließt.

8 Nun das nächste Blatt so aufkleben, dass die Blattspitzen das Unterteil der bereits aufgeklebten Blüte teilweise (um ca. 2 cm bis 3 cm) verdecken. Die zweite Blüte aufkleben, die wieder mit dem darunter liegenden Blattstiel abschließt und so fortfahren, bis der Kranz vollständig beklebt ist.

Weihnachtlicher Tischschmuck

mit edlen Christrosen

MOTIV-DURCHMESSER
ca. 18 cm

MATERIAL PRO BLÜTE

* 5 Faltblätter in Creme, ø 10 cm
* Tonpapier in Gold, 20 cm x 20 cm
* feiner Filzstift in Orange (Kreuzchen auf Blüten)
* Flaschenkorken
* Steckdraht, ø 1 mm, 6 cm lang
* Strassstein in Orange, ø 5 oder 6 mm
* Schmucksteinkleber

FALTUNG
Winterblütenfaltung aus runden Faltblättern

1 Die Blütenblätter gemäß der Winterblütenfaltung fertigen und vor dem Zusammenkleben mit dem Filzstift kleine Kreuzchen auf die Innenseite der Blütenblätter zeichnen. Aus fünf Blütenblättern die Blüte zusammenkleben.

2 Verzieren Sie die Blütenmitte mit einem Strassstein, den Sie mit Schmucksteinkleber aufkleben (siehe Hinweis).

3 Übertragen Sie die halbe Blattvorlage mit einer Schablone auf die Knickstelle des mittig gefalteten Tonpapiers. Schneiden Sie das Blatt aus und falten Sie es. In die Mitte mit der Vorstechnadel ein Loch stechen.

4 Vom Korken mit einem Messer eine 1 cm dicke Scheibe abschneiden und mit der Vorstechnadel in die Mitte ein Loch stechen. In dieses Loch stecken Sie den mit einem Seitenschneider auf 6 cm gekürzten Steckdraht ein. Auf den Steckdraht erst das Blatt und dann die Blüte stecken.

Hinweis: Verwenden Sie zum Aufkleben der Strasssteine einen speziellen Schmucksteinkleber. Dieser Klebstoff löst die Silberschicht auf der Rückseite nicht an. Wenn herkömmlicher Alleskleber verwendet wird, löst sich die Silberschicht auf und der Strassstein wird stumpf und glanzlos.

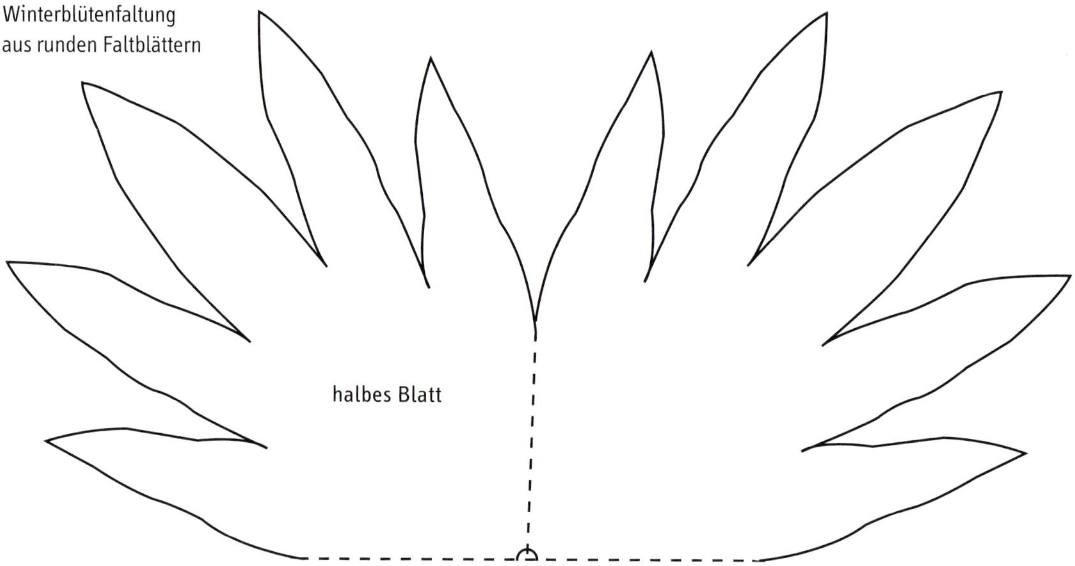

Verspielte Blütenhänger

in moderner Farbgebung

MOTIVHÖHE
ca. 13 cm

MATERIAL
* 5 Faltblätter in Lila und Weiß mit Sternchenmuster, 15 cm x 15 cm
* Häkelgarn in Lila, ø 1 mm
* 6 oder 7 Plastikperlen in Lila, ø 4 mm
* je 1 Sternperle in Lila, ø 1 cm und 1,5 cm

FALTUNG
Christrosenfaltung Variation 4

1 An einem Ende des Häkelgarns eine Perle anbinden oder einkleben.

2 Aus vier Faltblättern gemäß der Christrosenfaltung in der Variation 4 (siehe unten) eine Blüte anfertigen. Bevor das vierte Blütenblatt angeklebt wird, das Garn mit der Perle nach unten einlegen. Fädeln Sie als Abstandshalter fünf oder sechs Perlen auf.

3 Aus dem fünften Faltblatt mithilfe einer Schablone der Vorlage von Seite 24 den Kelchblattstern ausschneiden. Falten Sie ihn nach der Vorlage und zwar so, dass die lila Seite oben bzw. sichtbar ist.

4 Den Kelchblattstern, eine runde Perle und danach die beiden Sternperlen auf das Häkelgarn fädeln.

Christrosenfaltung Variation 4

Die ersten zwölf Faltschritte sind identisch mit der Christrosenfaltung.

12+13 Wenden Sie das Papier.

14+15 Auf beiden Seiten die äußere Drachenhälfte nach innen falten. Das Papier wieder wenden.

16 An der gelb markierten Stelle Klebstoff auftragen und die linke Seite nach rechts klappen, sodass ein Blütenblatt entsteht.

17 Kleben Sie das zweite Blütenblatt an, indem Sie an der gelb markierten Stelle Klebstoff auftragen. So fortfahren, bis die vorgegebene Anzahl an Blütenblättern erreicht ist.

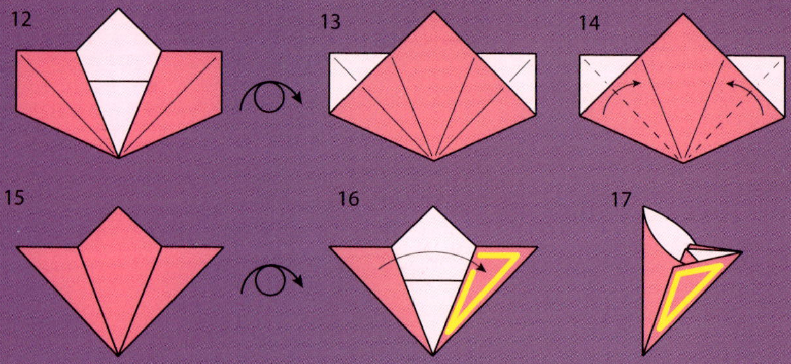

Eindrucksvolle Eisblumen

verspielt gemustert

MOTIV-DURCHMESSER
ca. 10,5 cm

MATERIAL

* 14 zweifarbige Faltblätter in Hellblau und Weiß mit Blütenmuster, ø 10 cm
* Strassstein oder -stern, ø 10 mm
* Schmucksteinkleber

FALTUNG
Winterblütenfaltung aus runden Faltblättern

1 Aus den Faltblättern gemäß der Faltanleitung für die Winterblüte sieben Blütenblätter mit der hellblauen Seite nach außen und sieben mit der hellblauen Seite nach innen falten.

2 Aus sieben gleichen Blütenblättern (z. B. innen hellblau) eine Blüte zusammenkleben. Die anderen sieben Blütenblätter (innen weiß mit Blütenmuster) kommen außen an die Blüte, indem Sie sie zwischen die Blütenblätter der Blüte kleben.

3 Verzieren Sie die Blütenmitte mit einem Strassstein.

Hinweis: Verwenden Sie zum Aufkleben der Strasssteine einen speziellen Schmucksteinkleber. Dieser Klebstoff löst die Silberschicht auf der Rückseite nicht an. Wenn herkömmlicher Alleskleber verwendet wird, löst sich die Silberschicht auf und der Strassstein wird stumpf und glanzlos.

Leuchtend gelbe Winterlinge

solo und als Blütenhänger schön

MOTIVHÖHE
Blüte mit Stiel ca. 22 cm,
Blüte ca. 7 cm

MATERIAL PRO BLÜTE

* 6 Faltblätter in Gelb, 10 cm x 10 cm
* Tonpapier in Dunkelgrün, 12 cm x 18 cm
* Aludraht in Grün, ø 2 mm, 20 cm lang

ZUSÄTZLICH HÄNGER

* je 1 Holzperle in Grün, ø 8 mm, und in Gelb, ø 4 mm
* Häkelgarn in Dunkelgrün, ø 1 mm, 50 cm lang

FALTUNG
Winterlingfaltung

Blüte mit Stiel

1 Für das Blatt das Tonpapier in der Mitte wie zu einer Doppelkarte (12 cm x 9 cm groß) falten. Legen Sie die Blattschablone so auf, dass die gestrichelte Linie der Schablone auf der Faltlinie der Doppelkarte liegt. Den Umriss mit Bleistift nachziehen und dann ausschneiden. Das entstandene Doppelblatt aufklappen und in der Mitte mit der Vorstechnadel durchstechen.

2 Aus sechs Faltblättern gemäß der Winterlingfaltung ein Blütenblatt falten und kleben. Beim Zusammenfügen der Blüte legen Sie den Draht ein, bevor das sechste Blütenblatt angeklebt wird. Abschließend noch das Doppelblatt aufstecken und gegebenenfalls von unten mit etwas Klebstoff fixieren.

Blütenhänger

1 Blatt und Blüte werden wie beim Winterling mit Drahtstiel gefertigt. Beim Zusammenfügen der Blüte wird hierbei das Garn eingelegt.

2 An einem Garnende eine grüne Holzperle anknoten. Fädeln Sie das Blattpaar auf und bringen Sie eine Blüte an. Damit die Blüte gerade hängt, noch eine kleine gelbe Holzperle auffädeln und zwischen die Staubgefäße schieben.

3 Im Abstand von 7 cm eine grüne Perle auffädeln. Damit diese nicht verrutscht, den Faden einfach um die Perle legen und nochmals durchziehen. Die zweite Blüte anbringen und so fortfahren, bis die Kette die gewünschte Länge hat.

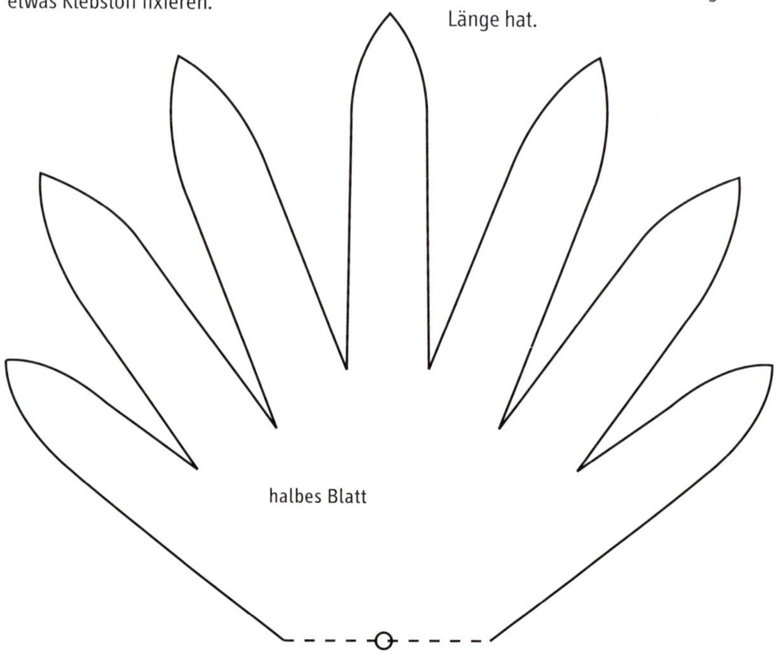

Elegante Christrosenkugel

eine Blütenpracht in Weiß

MOTIVDURCHMESSER
ohne Blätter ca. 16 cm
mit Blättern ca. 21 cm

MATERIAL

* 60 Faltblätter in Weiß, 10 cm x 10 cm
* ggf. Tonpapier in Dunkelgrün, 40 cm x 40 cm (Blätter)
* Häkelgarn in Rosa, ø 1 mm, 80 cm lang

FALTUNG
Christrosenfaltung

1 Fertigen Sie zwölf Blüten mit jeweils fünf Blütenblättern gemäß der Christrosenfaltung.

2 Fügen Sie die Blüten wie ab Seite 2 beschrieben zu einer Blütenkugel zusammen. Denken Sie dabei an den Aufhängefaden.

3 Aus dem Tonpapier mithilfe einer Schablone der Blattvorlage von Seite 16 neunzig Einzelblätter ausschneiden. Immer drei dieser Blätter zu einem kleinen Fächer zusammenkleben, in eine der dreißig Öffnungen der Blütenkugel stecken und mit Klebstoff fixieren.

Mein Tipp für Sie

Varianten Die Blütenkugel sieht auch ohne Blätter sehr dekorativ aus. Experimentieren Sie auch mit verschiedenfarbigen Faltpapieren für die Blüten. Eine Variante in Rosatönen finden Sie auf Seite 16.

Bezaubernde Schneeglöckchen

einfach und dennoch effektvoll

MOTIVHÖHE
ca. 24 cm

MATERIAL
STECKER
* 3 Faltblätter in Weiß, 10 cm x 10 cm
* Aludraht in Grün, ø 2 mm, 30 cm lang
* Holzperle in Dunkelgrün, ø 8 mm

FALTUNG
Christrosenfaltung Variation 3

Blütenstecker

1 Aus drei Faltblättern gemäß der Christrosenfaltung in der Variation 3 (siehe unten) ein Blütenblatt falten und kleben.

2 Bevor beim Zusammenfügen der Blüte das dritte Blütenblatt angeklebt wird, legen Sie den Draht ein. Den Draht zurechtbiegen, die Holzperle aufstecken, das Drahtende von oben in die Blüte einstecken und mit Klebstoff fixieren.

Christrosenfaltung Variation 3

Die ersten zwölf Faltschritte sind identisch mit der Christrosenfaltung.

12+13 Wenden Sie das Papier.

14+15 Die Drachenspitzen an den gestrichelten Linien falten.

16+17 Auf beiden Seiten die äußere Drachenhälfte nach innen falten. Das Papier wieder wenden.

18 An der gelb markierten Stelle Klebstoff auftragen und die linke Seite nach rechts klappen, sodass ein Blütenblatt entsteht.

19 Kleben Sie das nächste Blütenblatt an, indem Sie an der gelb markierten Stelle Klebstoff auftragen.

> **Mein Tipp für Sie**
>
> **Präsentation** Stellen Sie mehrere Schneeglöckchen in eine Vase und hängen Sie zusätzlich die Schneeglöckchen-Hänger auf. Sie können die Schneeglöckchen auch in einen Blumentopf stecken oder in ein Gesteck integrieren.

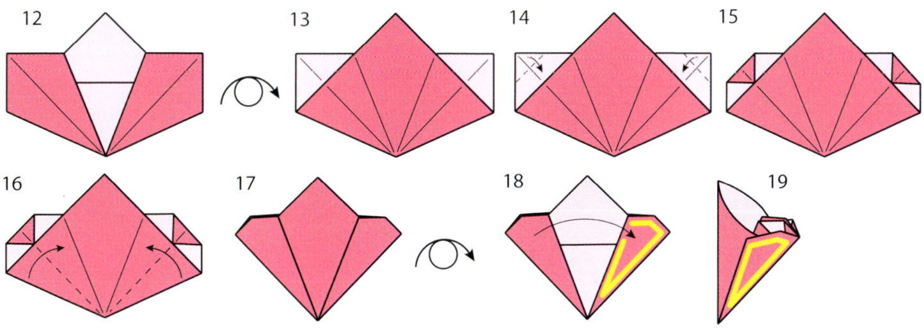

MOTIVHÖHE
Blüte ca. 7 cm

MATERIAL
HÄNGER
PRO BLÜTE

* 3 Faltblätter in Weiß, 10 cm x 10 cm
* Tonpapierrest in Dunkelgrün
* Häkelgarn in Dunkelgrün, ø 1 mm, 50 cm lang
* 3 Holzperlen in Grün, ø 8 mm

FALTUNG
Christrosenfaltung Variation 3

Schneeglöckchen-Hänger

1 Mithilfe einer Schablone mehrere Doppelblätter aus dem Tonpapier schneiden, jeweils in der Mitte falten und mit der Vorstechnadel ein Loch einstechen.

2 Aus drei Faltblättern Blütenblätter nach der Christrosenfaltung in der Variation 3, die Sie auf Seite 44 finden, falten und kleben. Bevor das dritte Blütenblatt angeklebt wird, legen Sie den Aufhängefaden ein.

3 An das untere Fadenende eine Holzperle knoten. Die Blüte bis an die Holzperle schieben, dann eine Holzperle, ein Doppelblatt, eine Holzperle und wieder ein Doppelblatt auffädeln.

4 Für die nächste Blüte fädeln Sie wieder ein Holzperle auf. Damit diese nicht nach unten rutscht, legen Sie einfach den Faden um die Perle und ziehen ihn erneut hindurch. Nun die Blüte, weitere Perlen und Doppelblätter nach der Beschreibung in Schritt 3 auffädeln, bis die Kette die gewünschte Länge erreicht hat.

Hinweis: Abbildung siehe Seite 44

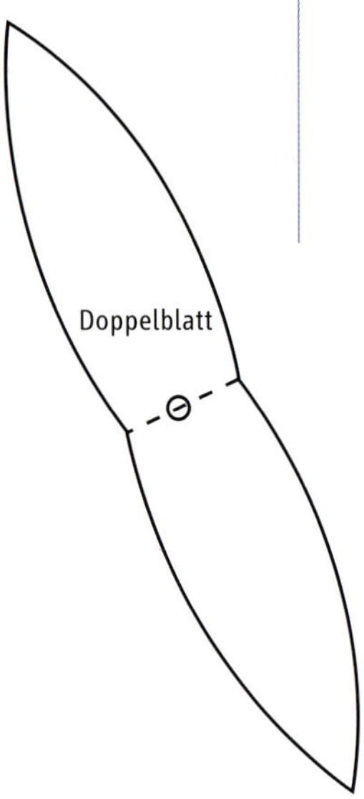

Armin Täubner lebt mit seiner Familie auf der Schwäbischen Alb und ist seit über 25 Jahren als ungemein vielseitiger Autor für den frechverlag tätig. Eigentlich ist er Lehrer für Englisch, Biologie und Bildende Kunst. Durch seine Frau, die unter ihrem Mädchennamen Inge Walz noch heute Bücher zu den verschiedensten Techniken im frechverlag veröffentlicht, kam der Allrounder zum Büchermachen. Zweifelsohne ein Glücksfall für die kreative Welt! Es gibt fast kein Material, das Armin Täubners Fantasie nicht beflügelt, und kaum eine Technik, die er sich nicht innerhalb kürzester Zeit angeeignet hat.

DANKE

Wir danken den Firmen Heyda, Baier & Schneider GmbH & Co. KG, Rayher Hobby GmbH und Ludwig Bähr GmbH & Co. KG für die Bereitstellung von Materialien.

TOPP – Unsere Servicegarantie

WIR SIND FÜR SIE DA! Bei Fragen zu unserem umfangreichen Programm oder Anregungen freuen wir uns über Ihren Anruf oder Ihre Post. Loben Sie uns, aber scheuen Sie sich auch nicht, Ihre Kritik mitzuteilen – sie hilft uns, ständig besser zu werden.

Bei Fragen zu einzelnen Materialien oder Techniken wenden Sie sich bitte an unseren Kreativservice, Frau Erika Noll.

mail@kreativ-service.info
Telefon 0 50 52 / 91 18 58

Das Produktmanagement erreichen Sie unter:

pm@frechverlag.de
oder:
frechverlag
Produktmanagement
Turbinenstraße 7
70499 Stuttgart
Telefon 07 11 / 8 30 86 68

LERNEN SIE UNS BESSER KENNEN! Fragen Sie Ihren Hobbyfach- oder Buchhändler nach unserem kostenlosen Kreativmagazin **Meine kreative Welt.** Darin entdecken Sie vierteljährlich die neuesten Kreativtrends und interessantesten Buchneuheiten.

Oder besuchen Sie uns im Internet! Unter **www.topp-kreativ.de** können Sie sich über unser umfangreiches Buchprogramm informieren, unsere Autoren kennenlernen sowie aktuelle Highlights und neue Kreativtechniken entdecken, kurz – die ganze Welt der Kreativität.

Kreativ immer up to date sind Sie mit unserem monatlichen **Newsletter** mit den aktuellsten News aus dem frechverlag, Gratis-Bastelanleitungen und attraktiven Gewinnspielen.

IMPRESSUM

FOTOS: frechverlag GmbH, 70499 Stuttgart; lichtpunkt, Michael Ruder, Stuttgart; Armin Täubner (alle Arbeitsschrittfotos und Freisteller)
ZEICHNUNGEN: Armin Täubner
PRODUKTMANAGEMENT: Claudia Mack
LEKTORAT: Annette Gerstenkorn, Bochum
GESTALTUNG: Atelier Schwab, Handewitt
DRUCK: frechdruck GmbH, 70499 Stuttgart PRINTED IN GERMANY
SPRECHER AUF DVD: Henrik van Ypsilon
FILMPRODUKTION: team.Werk. Die Filmproduktion GmbH, Stuttgart

Auflage:	5.	4.	3.	2.		
Jahr:	2015	2014	2013	2012	2011	[Letzte Zahlen maßgebend]

ISBN 978-3-7724-3924-7 • Best.-Nr. 3924